# 陶淵明

# 田園詩人

## T'ao Yüan-ming
## The Pastoral Poet

繪本

故事◎鄧芳喬
繪圖◎黃雅玲

陶淵明是東晉末年的詩人，
因為看不慣朝廷腐敗而辭官返鄉，
過起天天種田、寫詩、飲酒的日子。
看哪！在家鄉，他有一大棟茅草屋，
屋外還種了幾棵桃樹和李樹。

從這個時候起，
他寫下許多和農耕生活有關的詩，
筆下有花草樹木、自然萬物，
因此，後人也稱他為田園詩人。

喜歡大自然的陶淵明，
很享受田園之樂。
秋天菊花開，
花朝月夕真是美。
他一早就出去欣賞那帶著露水的菊花，
然後把一朵一朵菊花採了下來！

4

他把這些菊花泡在酒裡面，
原來他是要喝清香的菊花酒。
他說喝了這酒啊，
會更加忘記了
世俗的一切。

陶淵明和人喝酒，
不論是高貴或是貧賤的人。
有人來訪，　只要家裡有酒，
一定拿出來招待客人。
做主人的要是先喝醉了，
就告訴客人：
「我喝醉了要睡覺，
你想回去就自己回去吧。　」
一個人獨飲，
大概也會喝到半醉，
然後瞇著醉眼，　看看屋外，
只見太陽下山了，
各種動物都要休息了，
鳥兒也鳴叫著飛回樹林子。

回到故鄉，
他還發現村民果然和
官場的人完全不一樣，
他們都有話直說。

8

當然說的也沒別的話，
就只是說說桑樹和麻這些
農作物，
和日常生活的瑣事。

但是對他來說， 農人們的每一句話，
都是扎實的學問，
可以引導他照料好作物。
而陶淵明耕作的時候也從不偷懶，
如果偷點懶不去照料，
野草就會長得比豆苗還要茂盛，
只看得見野草，
看不見豆苗了。

10

所以，

農忙的時候，

他和大家一樣，

各自下田，

播種、 除草、 澆水、 施肥，

按著節氣， 一樣不省。

但是一有空閒坐下來，

心裡就會互相想念，

誰誰誰在做什麼呢？

誰誰誰忙好了嗎？

當陶淵明走過鄰居的家門口，
往往都會大聲呼喚對方的名字，
不用擔心自己是否打擾到人家。
見面的時候，不是高談闊論，
就是一起欣賞好文章，
遇有不解的地方，便互相討論。

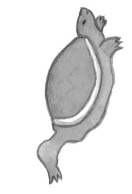

不過，
在農閒的時候，
他也會躲在自己的
小天地裡，
讀讀喜愛的《山海經》。
讓自己一瞬間
被帶離尋常日子，
悠遊於上下古今，
真是快樂。

平淡中有真滋味，讓人開心又快樂，
不會想到追求什麼功名利祿。
親手舂穀去皮，釀製米酒，
自斟自飲，是一樁開心事。
看天真幼兒在身邊嬉鬧，
咿咿呀呀地學說話，又是一樁快樂事。
讓他深深地追念起，
古代不求名利的高人隱士。

還有還有，
黃昏日落時，
與群山悠然對望，
與小鳥互道晚安……
這中間的趣味，
想要說個清楚，
一張口卻找不到
適當的言語。
啊，算了，
重要的是能領受
自然的真意，
生活的真意。

21

**陶淵明**

# 田園詩人

讀本

原著◎陶淵明

原典改寫◎唐香燕

# 陶淵明的個性清高，連大文豪蘇軾都推崇他的高風亮節。
# 陶淵明有什麼家人與好友？又被後世哪些人物所推崇呢？

陶淵明（365～427年）是東晉的文學家，又名陶潛、五柳先生。他的曾祖父和父親都曾當過官，他自己則因為「不能為五斗米折腰」而辭官回家。他歸園田居的二十多年內，詩的主題多半都是田園生活，所以又被稱為「田園詩人」。圖為明代畫家王仲玉畫的陶淵明，北京故宮博物院藏。

TOP PHOTO

**陶淵明**

**相關的人物**

**陶侃**

「陶侃搬磚」那個故事裡有名的陶侃，是陶淵明的曾祖父。陶侃是東晉的名臣，曾在朝廷中擔任侍中、太尉、大將軍。陶侃雖然位階高高在上，握有重權，但始終勤於職守、從不怠慢，為人清廉又很懂得自律，保持良好的氣節，為後人所推崇。

**顏延之**

顏延之是魏晉南北朝時期的文學家，他在當時的詩壇上聲望很高，和謝靈運齊名，被人合稱「顏謝」。顏延之也是陶淵明的好朋友，陶淵明逝世後，顏延之還為他作了一篇誄文〈陶徵士誄〉（「誄」是哀悼死者的文章）。

**蕭統**

蕭統是南朝梁代的文學家、梁武帝的長子，又稱昭明太子，他對陶淵明的詩文相當推崇、愛不釋手，不僅為陶淵明編了《陶淵明集》，收錄了一百二十多首詩，還有其他的散文、辭賦等作品。蕭統還親自作序，寫了〈陶淵明傳〉。而他所編的《文選》也收錄了陶淵明的詩歌作品。

**五個兒子**

陶淵明有五個兒子，分別是陶儼、陶俟、陶份、陶佚、陶佟。陶淵明曾用幽默的筆法寫下〈責子〉這首詩，說他們「懶惰故無匹、不識六與七、但覓梨與栗」，不過陶淵明並沒有因此而真正責備他們，反而是說了一句「天運苟如此，且進杯中物」。陶淵明認為既然是上天注定的事，那就不作強求，還是痛快喝酒。

**高僧慧遠**

慧遠是一位南北朝時期的高僧，隱居三十幾年，從不下山，送客都以虎溪橋為界線。慧遠十分景仰陶淵明淡泊的情操，當他在廬山與賢明人士組織白蓮社時，還邀請陶淵明參加，兩人經常相約暢談，十分痛快。右圖為傅抱石以慧遠為陶淵明及廬山道士陸靜修送行的故事，所繪〈虎溪三笑〉圖。

**蘇東坡**

蘇東坡是宋代的大文豪，他在看透人生之後的晚年，體悟到陶淵明詩的高妙和他人格的偉大，因而愛上陶詩。蘇東坡認為陶淵明的詩都是珍寶，不僅反覆吟頌他的詩，還寫了〈和陶詩〉來呼應陶淵明的詩作。由於他的大力推崇，提升了陶淵明在文學史上的地位。

25

# 陶淵明生在動盪的東晉末期，
# 見證了許多政權更迭，與人民的不幸。

**316 ～ 420 年**

東晉末期，朝廷的政變頻繁、戰爭不斷，人民的生活十分困苦。軍事強人劉裕廢了東晉最後一個皇帝，自立為王，建立劉宋王朝。

東晉時代

童年

相關的時間

**約 365 ～ 378 年**

陶淵明出身於沒落的官宦家庭，從小就十分沉靜，很少和鄰居小孩子一同在外玩耍，反倒是自己一個人讀書、彈琴、欣賞大自然的美景。陶淵明十二歲時，父親過世了，家中生活頓時變得貧苦不堪，這時候的陶淵明仍好學不倦，懷有遠大的抱負。

淝水之戰

**383 年**

「淝水之戰」發生於 383 年。當時北方的前秦想要消滅南方的東晉，兩方在淝水這個地方交戰，也就是現今安徽省壽縣。最後，東晉賢臣謝安以僅僅八萬軍力，大勝了八十多萬軍力的前秦。自此前秦元氣大傷，北方陷入分裂局面，先後成立了十國，南方的東晉則延續了數十年，南北分立局面持續。左圖為清朝蘇六朋所繪〈東山報捷圖〉，畫的是謝安在東山松樹下等候淝水之戰的捷報，廣州美術館藏。

TOP PHOTO

### 江州祭酒

**約 393 年**

二十九歲的陶淵明第一次當官，就是擔任江州的祭酒，這是一個職權很低的官位。陶淵明不願忍受種種束縛和折磨，沒多久就主動辭職，回家閒居。後來朝廷又召他做官，他卻辭謝了，幾年後來到荊州，在刺史桓玄的手下當幕僚，但不到一年又因母親去世而辭職回家。

### 彭澤縣令

**405 年**

這一年，陶淵明被任命為彭澤縣令，因為明白自己不適合朝廷，於是他才當縣令八十幾天，便兩袖揮揮、瀟灑離去。臨走前，他寫了一篇〈歸去來辭〉表露自己的心情，從此再也沒做過官。

### 歸園田居

**406 ～ 427 年**

辭官以後，陶淵明過了二十幾年的隱居生活，享受田園樂趣。農閒時，他除了讀書、彈琴、賞花之外，還會和左鄰右舍聊聊農作的心得，或與隱居的文人交往，把這些生活點滴，和對自然與生命的感觸，一一寫成動人的田園詩篇。下圖為潯陽柴桑，就是現在的江西九江，即陶淵明辭官歸隱的地方。

TOP PHOTO

### 病逝

**427 年**

辭官後的這二十多年，是陶淵明創作最豐富的時期，但他也因為飽經風霜，身子變得很虛弱。到了晚年，他的生活更加困苦，朋友都進京了，無法再繼續資助他，就在這年，朝廷下令徵召陶淵明任官，他卻病逝了。

# 關於田園詩人陶淵明的事物，
# 總是離不開菊花、美酒、農村風景……

東晉發給官員的薪水是直接給「祿米」，五斗米是陶淵明一天的薪水。擔任彭澤縣令的這段期間，官場的腐敗風氣，令個性清高的陶淵明十分痛苦，不想為了一天區區「五斗米」的俸祿，而向庸俗勢力的小人彎腰鞠躬。最後，他下定決心，寫了一篇〈歸去來辭〉來表達自己淡泊的胸懷，便返鄉種田了。他不願為了區區一點薪水，而向勢利眼的小人鞠躬哈腰，也成為「不為五斗米折腰」典故的出處。

五斗米

相關的事物

賞菊

TOP PHOTO

農曆九月九日是重陽節，這時菊花盛開，人們會佩茱萸、食蓬餌、飲菊花酒，據說這個習俗正起源於陶淵明。某年重陽節，陶淵明在家中彈琴賞菊，忽然想要飲酒，恰好有一名使者挑著扁擔前來送酒，他於是立即暢飲，並寫下名詩〈九日閒居〉。後人為了仿效他，也漸漸開始在重陽節賞菊、飲菊花酒。這個元代的青花瓷叫〈四愛圖〉，瓶子上繪有陶淵明和菊花，其他人物還包括了王羲之和蘭花、周敦頤和蓮花、林和靖和梅花。

**酒**

陶淵明在〈五柳先生傳〉裡，說自己本性愛酒，隱居後，他的好朋友顏延之見他貧困挨餓，便資助他一些錢過生活，沒想到他竟然統統拿來買酒。他光是寫〈飲酒詩〉就寫了二十首，而其餘詩中也幾乎篇篇有酒。圖為東晉時期的盛酒器青釉雞首壺。

TOP PHOTO

**農夫**

西晉時期發生了「永嘉之禍」，匈奴攻陷洛陽，懷帝被俘擄，造成官民死傷無數。人們為了躲避戰亂，從中原遷移到南方，因此促進了南方的經濟和文化的發展。到了東晉，朝廷實行「勸農」政策，教導人民耕種，種田還可以減免租稅，讓江南人人都樂於種田。

**桃花源**

〈桃花源記〉是陶淵明所寫的一篇文章，故事內容在描繪一個沒有階級、沒有剝削，自給自足，人人自得其樂的社會。這是陶淵明嚮往的理想社會，他厭倦亂世的動盪，一直追求著平靜的生活，但由於他仕途不順，只能用文章反映自己對現實的不滿與反抗。「桃花源」也成為一種理想社會的代名詞。

**五柳先生**

陶淵明為自己取了「五柳先生」這個名號，這個名號其實是來自於他所寫的〈五柳先生傳〉。文章的一開頭是這樣寫的：「先生不知何許人也，亦不詳其姓字，宅邊有五柳樹，因以為號焉。閑靜少言，不慕榮利。」整篇道出陶淵明與世俗的格格不入，突出了他的志趣和人格，是陶淵明的自況。

陶淵明是一位清高的隱士，跟著他歸隱的足跡，
看看那些令他嚮往不已的地方究竟在哪裡吧！

陶淵明是潯陽柴桑人，就是現在
的江西九江。這是他出生的地方，
也是辭官隱居之處。

**柴桑**

**相關的地方**

**鎮江**

陶淵明曾經在京口這個地方當過
劉裕的參軍。京口是現在的江蘇
鎮江，工作內容是協助地方長官。
他到這裡就任時，已經四十歲了，
心裡天天掛念著家裡，並沒有打
算在這個官位上待太久。

TOP PHOTO

**彭澤縣**

陶淵明當了劉裕的參軍沒多久，就請求上司替他調到彭澤當縣令，而這也是他最後當官的地方。他之所以調來這兒，是因為這裡離家很近，不過他也只當了八十多天的縣令，最後還是選擇回家耕田，從此不再與朝廷相關。

**廬山**

廬山（下圖）是很有名的旅遊景點，有山有水，風景漂亮，是很多文人喜歡歌詠的地方。陶淵明隱居的地方就在廬山附近，據說，他想像中的完美之地桃花源，也是根據廬山而寫的，他自己也常上山去拜訪在山裡修行的慧遠法師。

TOP PHOTO

**甘棠湖**

甘棠湖是由廬山的泉水注入而成，湖中的「煙水亭」據說是三國時期，周瑜的點將之處，現今建了一座「五賢閣」，目的是為了紀念陶淵明、白居易、周敦頤等共五位歷代名人，讓湖畔的美景長伴陶淵明。

**原典**

# 歸園田居（之一）

少無適俗韻[1]，性本愛丘山。

誤落塵網[2]中，一去三十年。

羈鳥[3]戀舊林，池魚思故淵。

開荒南野際，守拙歸園田。

方宅十餘畝，草屋八九間。

1. 韻：氣質、性格
2. 塵網：塵世之網，此指官場
3. 羈鳥：被束縛的鳥

榆柳蔭後簷，桃李羅堂前。

曖曖[4]遠人村，依依墟里[5]煙。

狗吠深巷中，雞鳴桑樹巔[6]。

戶庭無塵雜，虛室[7]有餘閒。

久在樊籠[8]裡，復得返自然。

4. 曖曖：隱蔽的樣子
5. 墟里：村落
6. 巔：山頂
7. 虛室：沒有特意裝飾的房間
8. 樊籠：樊，指藩障；樊籠喻為官場

## 換個方式讀讀看

　　中年的陶淵明辭去彭澤縣的縣令一職，回到故鄉。由這首詩輕快的語調看來，他彷彿終於甩脫了肩上的重擔，歡喜得要飛了起來。

　　回想過去，不勝感慨。從小，他的脾氣就沒辦法迎合世俗，生性喜歡山林自然，偏偏這樣的人竟然進了官場，真像是不慎陷落塵世的網羅，而且一去就是三十年。

　　其實推算起來，陶淵明二十九歲進入官場，四十二歲辭官返鄉，他「誤落塵網」的時間應該是十三年，而不是三十年，所以有人說「一去三十年」的三十年是筆誤。不過，也許對誤落塵網的陶淵明來說，那十三年確實有如三十年一般長久吧。在那些日子裡，他就像被抓到籠子裡養的鳥，一心眷戀著原來住的大樹林，也像被養在池子裡的魚，思念著原來住的深水潭，真是度日如年！

現在終於能夠到南邊的野地來開墾耕耘，回歸田園，這樣歸返自己本來的初衷，才是他想要的生活啊！

　　回到田園了，那就來講家園的規模和風貌。茅草屋有八、九間，屋子周邊有十幾畝地，後屋簷有榆樹、柳樹遮蔭，堂屋前則栽種了桃樹、李樹，一切井井有條，住起來真舒服。

　　要是把眼光放遠，依稀可以看到遠處的人家，還可以看到村莊裡的炊煙緩緩升起。

　　要是靜靜聽，會聽見狗在深巷裡吠叫，雞在桑樹梢頭啼鳴。

　　這般過著一日一日的生活，門庭安靜，遠離塵囂，心境也平和悠閒。真是慶幸啊！這麼多年關在牢籠裡，現在總算又能飛出來，回歸自然的生活。終於，詩人陶淵明的心安了，不亂了。

**原典**

# 歸園田居（之二）

野外罕人事[1]，窮巷寡[2]輪鞅[3]。

白日掩荊扉[4]，虛室絕[5]塵想[6]。

時復墟[7]曲中，披[8]草共來往。

1. 罕人事：沒有車馬往來
2. 寡：少
3. 輪鞅：車馬
4. 荊扉：柴門
5. 絕：斷絕
6. 塵想：世俗的想法
7. 墟：鄉村
8. 披：分開

相<sub>ㄒㄧㄤ</sub>見<sub>ㄐㄧㄢ</sub>無<sub>ㄨˊ</sub>雜<sub>ㄗㄚˊ</sub>言<sub>ㄧㄢˊ</sub>[9]，但<sub>ㄅㄢˋ</sub>道<sub>ㄉㄠˋ</sub>桑<sub>ㄙㄤ</sub>麻<sub>ㄇㄚˊ</sub>[10]長<sub>ㄓㄤˇ</sub>。

桑<sub>ㄙㄤ</sub>麻<sub>ㄇㄚˊ</sub>日<sub>ㄖˋ</sub>已<sub>ㄧˇ</sub>長<sub>ㄓㄤˇ</sub>，我<sub>ㄨㄛˇ</sub>土<sub>ㄊㄨˇ</sub>日<sub>ㄖˋ</sub>已<sub>ㄧˇ</sub>廣<sub>ㄍㄨㄤˇ</sub>。

常<sub>ㄔㄤ</sub>恐<sub>ㄎㄨㄥˇ</sub>[11]霜<sub>ㄕㄨㄤ</sub>霰<sub>ㄒㄧㄢˋ</sub>[12]至<sub>ㄓˋ</sub>，零<sub>ㄌㄧㄥˊ</sub>落<sub>ㄌㄨㄛˋ</sub>[13]同<sub>ㄊㄨㄥˊ</sub>草<sub>ㄘㄠˇ</sub>莽<sub>ㄇㄤˇ</sub>[14]。

9. 雜言：漫談

10. 桑麻：農作物

11. 恐：害怕

12. 霰：雪粒

13. 零落：草木凋落

14. 草莽：雜草

## 換個方式讀讀看

　　陶淵明回歸鄉野之後，生活是怎麼樣的呢？與擔任彭澤縣令時期的生活有什麼不一樣嗎？

　　當然很不一樣，首先，住在荒郊野外，交際應酬自然少了，偏僻的巷子裡，不大有人特別來訪，當然也就少見車馬。

　　也因為不大有人來訪，青天白日底下，柴門總是虛掩著，很少打開。心境自然安閒，毫無世俗的雜念。

　　這麼說，難道陶淵明住在鄉野，就跟人一點往來也沒有嗎？不是的，村落墟里中，常常有人撥開野草過來找他，他也常常撥開野草過去找人。這樣熟門熟路、隨意往來的人，當然沒有車馬，大概也不一定走正門，看樣子是想起了什麼事，就披開野草，走條方便小路，柴門一推便進去講話了。

　　會這樣率性來往、不講虛禮的人，究竟是些什麼人呢？當然是住在附近的農友。見了面，沒別的話，就只是說說桑麻作物這些農事。

陶淵明不耐煩聽官場應酬的客套話，和附近農友講起桑麻長，桑麻短，卻十分開心，他覺得這才是重要的事情，這才是真實的生活。對他這個新手農人來說，經驗豐富的農人講的每一句單純樸實的話，都是扎扎實實的學問。

　　披草來往，共話桑麻的日子一天天過去，親手耕耘的成果漸漸看出來了，眼看著桑麻作物愈長愈高，農園田地愈闢愈廣，這真是叫人無比的欣喜！

　　但是無比欣喜中，同時也潛藏著很深的憂思，夏天過去，秋天來了，要是園地裡欣欣向榮的農作物還沒有完全長成，霜雪就提早降下，凍傷了作物，讓它們凋零如同雜草，那可怎麼好？

　　在收穫以前，陶淵明的憂慮大概一天也放不下來吧？直到今天，辛苦種植的農人都還是有同樣的心情啊！

**原典**

# 歸園田居（之三）

種豆南山下[1]，
草盛[2]豆苗稀[3]。
晨興[4]理[5]荒穢[6]，
帶月荷[7]鋤歸。

1. 種豆南山下：表示唾棄富貴，種田自給
2. 盛：多
3. 稀：少
4. 晨興：早起
5. 理：整理、除去
6. 荒穢：荒草
7. 荷：用肩膀扛著

道狹[ㄉㄠˋ][ㄒㄧㄚˊ]⁸草[ㄘㄠˇ]木[ㄇㄨˋ]長[ㄔㄤˊ]，
夕[ㄒㄧˋ]露[ㄌㄨˋ]霑[ㄓㄢ]⁹我[ㄨㄛˇ]衣[ㄧ]。
衣[ㄧ]霑[ㄓㄢ]不[ㄅㄨˋ]足[ㄗㄨˊ]惜[ㄒㄧ]¹⁰，
但[ㄉㄢˋ]使[ㄕˇ]願[ㄩㄢˋ]¹¹無[ㄨˊ]違[ㄨㄟˊ]¹²。

8.狹：窄小
9.霑：沾溼
10.不足惜：不覺得可惜
11.願：心願
12.違：違背

41

## 換個方式讀讀看

　　陶淵明歸園田居。他理園闢田，要養一家大小。他親手務農，沒有一堆底下人幫他種田。辛苦嗎？

　　辛苦。春天到了，農人忙著要播種，陶淵明到南山底下種了豆子。為什麼他要遠遠跑到山底下種豆子？可能是因為農人往往在比較大塊的、周整的土地上種植稻、麥這類主要糧食，而不屬於主食的豆子，就會被種在邊邊角角的土地上。再說種豆的土壤稍微乾一點、貧瘠一點，也還不打緊。陶淵明一定是好好核計過，或許也請教過務農的先進，才決定種豆南山下。

　　從家裡到南山下，有好一段路，每天都不能省。因為豆苗成長的時候，野草也長得快，如果偷點懶一天不去照料，野草就長得比豆苗還要蓬勃茂盛，到時候就只看得見野草，看不見豆苗了。

　　不能偷懶，不能讓野草搶盡陽光和營養。所以，每天都是一早起來，

就去豆田裡清除亂紛紛的野草，忙了一天，一架一架的豆苗終於清清爽爽有個樣子，一看月亮都出來了，才在月光底下扛起鋤頭回家。

　　回去的偏僻小路上，兩邊草木茂密，陶淵明一路走，橫生的枝葉一路拂過他的衣服，葉子上的露水把衣服都沾溼了。看這光景，月亮不是剛出來，而是出來好一會了，夜已深，露水才那麼重啊。

　　看著被露水沾溼的衣服，詩人農夫心想，衣服溼了不要緊，早出晚歸不要緊，每天辛苦也不要緊，只要老天讓我的心願不落空，一切都是值得的。

　　什麼心願？農人的心願當然是秋收不打折。辛苦的農活和農人的心境，被詩人賦予一種美感，美感來自於詩中人無怨無悔的真心付出，也來自於詩中人與自然天衣無縫的巧妙結合。

**原典**

# 讀（ㄉㄨˊ）山（ㄕㄢ）海（ㄏㄞˇ）經（ㄐㄥ）（之（ㄓ）一）

孟（ㄇㄥˋ）夏（ㄒㄧㄚˋ）[1]草（ㄘㄠˇ）木（ㄇㄨˋ）長（ㄓㄤˇ），遶（ㄖㄠˋ）[2]屋（ㄨ）樹（ㄕㄨˋ）扶（ㄈㄨˊ）疏（ㄕㄨ）[3]。

眾（ㄓㄨㄥˋ）鳥（ㄋㄧㄠˇ）欣（ㄒㄧㄣ）有（ㄧㄡˇ）託（ㄊㄨㄛ）[4]，吾（ㄨˊ）亦（ㄧˋ）愛（ㄞˋ）吾（ㄨˊ）廬（ㄌㄨˊ）[5]。

既（ㄐㄧˋ）耕（ㄍㄥ）亦（ㄧˋ）已（ㄧˇ）種（ㄓㄨㄥˋ），時（ㄕˊ）還（ㄏㄞˊ）讀（ㄉㄨˊ）我（ㄨㄛˇ）書（ㄕㄨ）。

窮（ㄑㄩㄥˊ）巷（ㄒㄧㄤˋ）[6]隔（ㄍㄜˊ）深（ㄕㄣ）轍（ㄔㄜˋ）[7]，頗（ㄆㄛ）迴（ㄏㄨㄟˊ）[8]故（ㄍㄨˋ）人（ㄖㄣˊ）車（ㄐㄩ）。

1. 孟夏：夏天的第一個月
2. 遶：圍繞
3. 扶疏：繁茂
4. 託：依託
5. 廬：屋舍
6. 窮巷：偏僻簡陋的巷子
7. 轍：車輪碾過後留下的痕跡
8. 迴：迴轉

歡言酌[9]春酒，摘我園中蔬。

微雨從東來，好風與之俱[10]。

泛覽[11]周王傳，流觀山海圖。

俯仰[12]終宇宙[13]，不樂復何如[14]。

9. 酌：喝酒
10. 俱：一同
11. 覽：閱讀
12. 俯仰：短暫的時間
13. 宇宙：天地
14. 何如：如何、怎樣

## 換個方式讀讀看

　　農家生活辛苦，不過偶爾也會有暫時放下農務，緩一口氣的輕鬆時刻。時間是孟夏，夏季的第一個月，也就是農曆四月。

　　這時候陽光好，草木蓬勃生長，田宅周圍的樹木也長得枝葉扶疏，好一片茂密濃蔭。這一片濃蔭是鳥群愛來的地方，牠們唧唧喳喳，歡欣巧囀，在林蔭深處築了家。詩人說，我跟小鳥一樣歡喜，因為我也愛我住的草屋廬舍。

　　這個時節，田裡的土都翻過了，種子也播下了，閒暇的時候，詩人就在家裡讀讀書。這些日子，他住在偏僻的巷子裡，大車子進不來，住城裡的老朋友也就不大來了。

　　閒了下來，又不大有朋友來訪，有點寂寞吧？好像不至於。詩人的清閒日子好像過得很自在。只見他，愉悅地倒杯春天剛釀好的酒來嘗嘗，

又到菜園子裡採幾把自家種的新鮮蔬菜，日子有滋有味的可真好過。更何況，人閒了下來，才感受得到「微雨、好風」有多舒服。

蹲在菜園裡，毛毛細雨斜落在頭上，詩人站起身子，一陣清涼好風吹過來，啊！他想，是這陣從東邊吹來的好風把小雨送過來的呀！

屋裡屋外，隨意走走，詩人又閒閒坐下，閒閒讀起書來，他隨意瀏覽的是周穆王的傳奇故事，以及神怪的山海經圖。閱覽著這些奇書古圖，人一瞬間就被帶離尋常日子，悠遊於上下古今，怎能不快樂呢？

其實，在孟夏的這一天，詩人陶淵明放下工作，感受草木滋長、眾鳥歡悅，品味春酒釀成、園蔬清鮮，又靜享微雨好風之美妙，他的視覺、聽覺、嗅覺、味覺、觸覺，全都打開了，毋須翻開周王傳和《山海經》，他已經和宇宙自然接通無礙。

# 和ㄏㄜ郭ㄍㄨㄛ主ㄓㄨ簿ㄅㄨ（之ㄓ一）

藹ㄞ藹ㄞ[1]堂ㄊㄤ前ㄑㄧㄢ林ㄌㄧㄣ，中ㄓㄨㄥ夏ㄒㄧㄚ貯ㄓㄨ[2]清ㄑㄧㄥ陰ㄧㄣ[3]。

凱ㄎㄞ風ㄈㄥ[4]因ㄧㄣ時ㄕ來ㄌㄞ，回ㄏㄨㄟ飇ㄅㄧㄠ[5]開ㄎㄞ我ㄨㄛ襟ㄐㄧㄣ[6]。

息ㄒㄧ交ㄐㄧㄠ遊ㄧㄡ閑ㄒㄧㄢ業ㄧㄝ[7]，臥ㄨㄛ起ㄑㄧ弄ㄋㄨㄥ書ㄕ琴ㄑㄧㄣ。

園ㄩㄢ蔬ㄕㄨ有ㄧㄡ餘ㄩ滋ㄗ[8]，舊ㄐㄧㄡ穀ㄍㄨ猶ㄧㄡ儲ㄔㄨ今ㄐㄧㄣ。

營ㄧㄥ己ㄐㄧ[9]良ㄌㄧㄤ有ㄧㄡ極ㄐㄧ，過ㄍㄨㄛ足ㄗㄨ非ㄈㄟ所ㄙㄨㄛ欽ㄑㄧㄣ[10]。

1. 藹藹：茂盛的樣子
2. 貯：積藏
3. 陰：陽光照不到的地方
4. 凱風：南風
5. 回飇：迴旋的風
6. 襟：衣服胸前釘鈕扣的地方
7. 閑業：指彈琴讀書等業藝
8. 餘滋：不盡地滋長繁殖
9. 營己：經營私人生活
10. 欽：羨慕

春秫[11]作美酒，酒熟吾自斟[12]。
弱子[13]戲我側[14]，學語未成音。
此事真復樂，聊用忘華簪[15]。
遙遙望白雲，懷古一何深。

11. 春秫：搗去穀物的外殼
12. 斟：倒酒
13. 弱子：幼兒
14. 側：身旁
15. 華簪：代指達官貴人

## 換個方式讀讀看

　　郭主簿是陶淵明的朋友，在朝廷擔任主簿，負責掌管文書業務。他可能是寫了一兩首詩，陶淵明看了以後很有感觸，就寫了兩首詩回應。

　　時間是仲夏，比孟夏晚一點的農曆五月。我們的詩人在他的家屋前，看著鬱鬱蔥蔥的樹林子。詩人之前說過，那屋前還有大片桃樹、李樹，春天開花時粉白如雲好美麗。到了夏天，葉子愈來愈密，仲夏時綠蔭底下一定好涼爽、好舒服。桃李林子彷彿滿滿貯藏了「清陰」。

　　樹能招風。夏天吹來南風，坐在堂屋裡的詩人好享受呀！一陣陣應時的南風朝他吹過來，還在屋裡打個旋，吹開他的衣襟。

　　因為和人沒什麼往來，輕鬆著呢！午覺起來，看看書，摸摸琴，就做這些閒事。其實陶淵明不會彈琴，但他喜歡彈琴的意趣，所以他置備了一張無絃琴，高興起來就隨手撫琴，奏起無聲的音樂。

手底下弄著書琴，詩人覺得應該務實一點，就在心裡面點檢起家裡有些什麼。後園裡種了不少蔬菜，品嘗有餘味，也夠吃很久，穀倉裡收著有晒乾後超過一年的舊穀子。這樣的日子大概還算不錯吧？說起來，人的生活所需其實是有限的，他並不歆羨過度的富裕奢華。那麼，對他來說，人生的樂事是什麼？

　　很簡單啊！親手舂穀去皮，釀製香醇的米酒，等到酒釀好了，就自斟自飲起來，是一椿開心事。看天真的幼兒在身邊嬉鬧，咿咿呀呀地學說不成調的話，又是一椿開心事。這些事情平淡中有真滋味，讓人開心又快樂，自然不會想到要去追求什麼功名利祿了。

　　說到這裡，寫意的詩人抬頭看看天上的白雲悠悠，深深地追念起古代不求名利的高人隱士。

**原典**

# 移居（之一）

昔欲居南村，非為卜其宅[1]。

聞多素心[2]人，樂與數晨夕[3]。

懷[4]此頗有年，今日從茲役[5]。

1. 卜宅：以占卜的方式選擇好住宅
2. 素心：心地樸實
3. 數晨夕：指共度晨昏
4. 懷：懷著念頭
5. 茲役：勞役，此指搬家

弊廬[6]何必廣，取足[7]蔽[8]床席。

鄰曲[9]時時來，抗言[10]談在昔[11]。

奇文[12]共欣賞，疑義[13]相與析[14]。

6. 弊廬：破舊的房子
7. 足：足夠
8. 蔽：遮蔽
9. 鄰曲：鄰人
10. 抗言：高談

11. 在昔：從前的事情
12. 奇文：奇特美妙的文章
13. 疑義：疑難問題
14. 析：解釋

## 換個方式讀讀看

　　陶淵明歸返園田後不滿兩年，家裡發生火災。正夏，是夏季最炎熱的農曆六月，又急又大的風助火燃燒，林木、房屋一下子就被燒了個乾淨。因為沒有屋子住了，家人只得暫時以船為屋，情況非常窘迫。不過，雖受打擊，他還是挺過來，繼續澆灌農園，保住果菜，後來也收割了稻子。

　　火災後過了兩年，陶淵明帶領家人搬家到南村，重新安頓。他寫了兩首〈移居〉詩，描述移居後的生活和心境，現在先來欣賞第一首。

　　一開始，詩人說他從前就想住在南村，不是為了那裡有好房子，想到那裡挑選一處居住，而是聽說南村住著許多素心人，他喜歡與那樣的人共度晨昏過日子。素心人，就是內心純樸乾淨的人。這樣的人一直吸引詩人接近，並引起他的共鳴。

　　懷著這個念頭好多年了，今天終於實現了這個願望。

詩人說他需要的房子不用很大，只要能夠遮蔽床席，讓人棲身就好啦！不過，南村的新居似乎確實不怎麼大，同那桃李榆柳環繞的故居不能相比。

　　但，這兒有吸引詩人的素心人，他和他們在一起怎麼共度晨昏呢？原來他和素心的鄰居朋友常常往來，而見面時不是高談闊論往昔史事，就是一起欣賞下筆不俗的好文章，遇有疑難不解的文義，大家會反覆推敲討論。

　　對於喜愛讀書寫作和思索的陶淵明來說，心靈的溝通是一種深刻的享受。所以，遷居南村，能夠與素心好友相往來，是他遭逢火災憾事後的一樁快事。

**原典**

# 移居（之二）

春秋多佳日[1]，登高賦[2]新詩。
過門[3]更相呼，有酒斟酌[4]之。
農務各自歸，閒暇輒[5]相思。

1. 佳日：好日子
2. 賦：吟詠、寫作
3. 過門：經過鄰居的門口
4. 斟酌：盛酒，行觴
5. 輒：總是

相思則披衣[6]，言笑無厭[7]時。

此理將[8]不勝[9]，無為忽去茲。

衣食當須紀[10]，力耕不吾欺[11]。

6. 披衣：披上衣服，此指穿上衣服出門拜訪朋友
7. 厭：厭煩
8. 將：豈，難道
9. 勝：強，高
10. 紀：料理
11. 不吾欺：不欺騙我

## 換個方式讀讀看

　　陶淵明移居南村以後，災後不安的生活終於有了轉折，心情也從容許多，可以想些衣食以外的事情。

　　春秋兩季和酷暑、嚴冬大不相同，天朗氣清，好日子最多。這時候最適合登上高山，遠眺景物。眼界一高，詩人的靈感泉湧，很快就能寫成得意的新詩。

　　走過鄰居朋友的家門口，隨意就能張口呼喚，不用擔心會不會打擾人家。經常見面的朋友再見面時還是高興，總會把家裡最好的東西搬出來招呼，要是有酒，也會馬上端出來，你一杯我一杯地歡喜共飲。詩人若有新詩，這時候當然也會趁著酒意為朋友吟詠吧。

　　遇到田裡農務忙起來的時候，大家各自回家下田，播種、除草、澆水、施肥，按著節氣，一樣不省。但是一有空閒坐下來，心裡就會互相想念，誰誰誰在做什麼呢？誰誰誰忙完了嗎？當下立刻披上衣服出門去探望，

見了面便又說又笑，歡喜不厭倦。

　　這個時候的陶淵明，下田耕作，提筆寫詩，而且能寫得意新詩，又有知心好友可以談詩論事，自己也知道人生美好，須得珍惜。

　　他想，生活裡的種種意趣豈不是太美妙了？可不能輕率地拋開這一切啊。他慎重地提醒自己，一定要努力顧好衣食，才能擁有圓滿的生活。身為專業的農人，他相信土地不會騙人，一分耕耘，一分收穫，所有的努力都不會白費。

　　這是生活淬煉出來的體悟。火災過後，陶淵明在收穫稻子以後，寫的另一首詩裡，也闡述了這份體悟。他說，人生的來來去去有不變的原則，顧好自己的衣食是最基本的事。有誰能夠不自立，不照顧好自己，還可以心安、擁有尊嚴呢？

**原典**

# 飲酒（之五）

結廬¹在人境²，而無車馬喧³。
問君何能爾，心遠⁴地自偏⁵。
采菊東籬下，悠然⁶見南山。

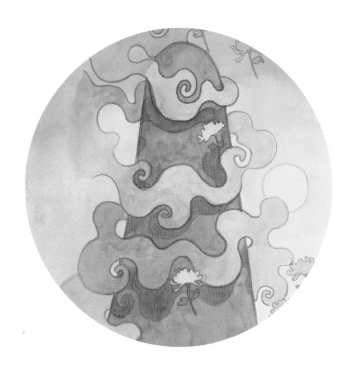

1. 結廬：建造房屋
2. 人境：塵世
3. 喧：吵鬧聲
4. 遠：遠離塵世
5. 偏：偏遠
6. 悠然：閒適自得

山ㄕㄢ氣ㄑㄧˋ[7]日ㄖˋ夕ㄒㄧ佳ㄐㄧㄚ，飛ㄈㄟ鳥ㄋㄧㄠˇ相ㄒㄧㄤ與ㄩˇ還ㄏㄨㄢˊ[8]。
此ㄘˇ中ㄓㄨㄥ有ㄧㄡˇ真ㄓㄣ意ㄧˋ[9]，欲ㄩˋ辯ㄅㄧㄢˋ[10]已ㄧˇ忘ㄨㄤˋ言ㄧㄢˊ[11]。

7. 山氣：山上的雲氣
8. 相與還：合群結夥而歸
9. 真意：純真的意趣
10. 辯：説清楚
11. 忘言：意指無法用言語訴説

## 換個方式讀讀看

　　陶淵明五十三歲了，歸隱園田已有十二年，持續不斷地做了多年耗費體力的田裡工作，現在上了年歲，應該會覺得有些吃力了吧！

　　這年秋深時節，愛酒的陶淵明偶然得到餽贈的名酒，晚上沒事，便喝個幾杯，醉後有詩興，於是提筆寫詩。

　　他很欣慰地說自己把草廬搭建在人世間，把家屋安置在人世間，雖然周遭俗事擾攘，但卻聽不見車馬的喧鬧聲。

　　這怎麼可能？任誰看了，都會向詩人提出疑問吧！詩人也知道，因此自問自答：「為什麼能夠這樣？因為我的心遠離了塵世，我立足的地方自然就遠離塵俗，不覺得那裡有車馬喧囂。」

　　原來關鍵就在「心遠」。因為心遠，詩人會去東籬底下採幾朵菊花，而不看東籬外面的人車來往。因為心遠，他手持菊花，悠悠然抬起頭，不經意地望見了遠遠的南山，看見一直遠遠在那兒的南山，這會兒竟隔

著好長的距離，與他對望著……

　　南山悠然望著詩人，詩人也悠然望著南山，他望見夕陽西下時分，山上雲氣飄渺優美，飛鳥三三兩兩盤旋著結伴還巢。

　　這自然純美的景象，不是第一次出現世間，但這時映在詩人眼中，他像是第一次看到般的感動，並用再簡單自然不過的詞語呈現筆下。但寫著寫著，他不由得感嘆，菊花、南山、山氣、飛鳥……這中間有無限的真意趣，想要說個清楚，一張口卻找不到適當的言語，啊算了，重要的是能領受自然的真意，生活的真意。

　　這就是陶淵明，辛苦務農多年，結廬人境多年，還會有悠然忘我的時刻，還能採菊東籬見南山，生活於俗世，他不必結廬南山，南山自在他的心中。

**原典**

# 飲酒（之七）

秋菊有佳色[1]，裛露[2]掇[3]其英[4]。
汎[5]此忘憂物[6]，遠我遺世情[7]。
一觴雖獨進，杯盡壺自傾[8]。

1. 佳色：美麗的形貌
2. 裛露：裛，沾溼；裛露，沾帶露水
3. 掇：選摘
4. 英：花
5. 汎：泡
6. 忘憂物：指菊
7. 遺世情：逃世的心情
8. 傾：完全倒出

日入[9]群動[10]息，歸鳥趨林[11]鳴。

嘯傲[12]東軒[13]下，聊復得此生[14]。

9. 日入：日落
10. 群動：各種物類的活動
11. 趨林：朝著樹林，意指鳥兒飛回巢休息
12. 嘯傲：傲然歌嘯，不受拘束
13. 軒：窗戶
14. 得此生：得到生之真意

## 換個方式讀讀看

　　陶淵明愛酒，有不少佳話。例如他擔任彭澤縣令時，公家撥給他三百畝公田做俸祿，由他決定種植什麼作物，他竟決定全部要用來種可以釀酒的秫這種黏性的稻子！陶夫人聽説以後，認為這樣極不合理，吃飯還是要緊的，應該多種食用的稻子。於是陶淵明勉強同意退讓，決定撥五十畝種稻，其他兩百五十畝還是種秫。夫人一定覺得他太不現實了，不過愛酒人就是這樣。

　　現在這位先生又要喝酒了。

　　陶淵明愛菊，秋天菊花開，花容花色真是美，他一早就出去賞那帶著露水的菊花，不過賞著賞著，他竟把一朵一朵帶露的美麗菊花採下來！

　　陶淵明把採下的菊花泡在酒裡面，原來他是要喝清香的菊花酒。他説喝了這酒啊！會更加忘記了世俗的一切。於是，他喝起了菊花酒。雖然是拿個酒杯，一人獨飲，但喝乾了一杯，像有人為他倒酒似的，酒壺的酒又倒滿了酒杯，就這麼著，他喝光了整壺的酒。

陶淵明待人喝酒，是不論身分高低與貴賤的。有人來訪，他不看人家的地位高低，只要家裡有酒，一定拿出來待客。做主人的要是先喝醉了，就不客氣地告訴客人：「我喝醉了要睡覺，你想回去就自己回去吧！」

如今獨飲菊花酒，大概也喝到半醉了，倒還沒有醉倒睡著，他瞇著醉眼，看看屋外，只見太陽下山了，各種動物都要休息了，鳥兒也急急鳴叫著飛回樹林子。

所有生物都安然有所歸，陶淵明想到自己，覺得很安慰。他可以放下塵世間的得失榮辱，回歸田園做自己，可以傲然嘯詠於東窗下，重新開始又一個人生。他想，上天待他，真是不薄。

陶淵明達到了不是一般人可以達到的境界，對他來說，農務操勞，生活清苦，不為人所了解，都是其次的。他的田園詩，不美化農務辛苦，不避開農人生涯的艱辛，他把這一切都寫出來，然後跳脫開來，帶引我們去看東籬下永恆的朵朵菊花，可以欣賞，可以泡酒的朵朵菊花……

# 當陶淵明的朋友

　　他的腰桿子是出了名的硬，就是不為五斗米折腰。他愛家、愛國，更愛喝酒、賞菊、種豆。在清幽的南山下，找回了他最喜歡的自己。他是最懂得享受簡單生活的詩人——陶淵明。

　　其實，陶淵明曾經是個熱血青年。東晉是個動盪不安的年代，他也想盡一己之力替社會做點事。只可惜他太過正直，和朝廷的腐敗格格不入，當了十三年的官，竟辭職了四次，這些轉折讓他深深體悟到自己並不快樂，因為他最愛的不是做官，而是讀書喝酒、擁抱大自然。

　　歸隱之後，陶淵明種田遭蟲害、家裡遭火災，一度甚至還得舉家大小以船為家；沒了官銜，很少有人來拜訪他，更別說是關心了。不過，當陶淵明的朋友，你一定會被他那股打不倒的樂天精神給感動。

　　他會告訴你，就算沒了工作又怎樣，只要捲起袖子努力耕種，一樣能讓家人三餐溫飽；房子燒毀也無妨，如果能因此搬到更想住的社區，認識更淳樸的鄰居，反而是件令人開心的事呢！

　　雖然陶淵明晚年過得並不富裕，卻很好客大方。到他家作客，他為你做的拿手菜絕不是大魚大肉，而是比這些來得更美味的知足常樂。

　　當你讀書讀累了，不妨學學陶淵明，拋開眼前的壓力，放下肩上的包袱，找自己感興趣的事來做。或許，豁達的陶淵明會告訴你，平凡過活最幸福，打擊，也未嘗不是一種成長！

# 我是大導演

看完了陶淵明的故事之後，
現在換你當導演。
請利用紅圈裡面的主題（種田），
參考白圈裡的例子（例如：鋤頭），
發揮你的聯想力，
在剩下的三個白圈中填入相關的詞語，
並利用這些詞語畫出一幅圖。

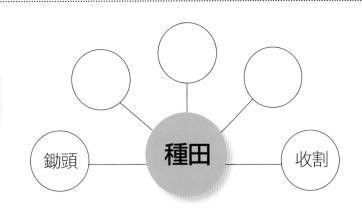

youth.classicsnow.net

◎ 少年是人生開始的階段。因此，少年也是人生最適合閱讀經典的時候。

因為，這個時候讀經典，可以為將來的人生旅程準備豐厚的資糧。

因為，這個時候讀經典，可以用輕鬆的心情探索其中壯麗的天地。

◎ 【經典少年遊】，每一種書，都包括兩個部分：「繪本」和「讀本」。

繪本在前，是感性的、圖像的，透過動人的故事，來描述這本經典最核心的精神。

小學低年級的孩子，自己就可以閱讀。

讀本在後，是理性的、文字的，透過對原典的分析與說明，讓讀者掌握這本經典最珍貴的知識。

小學生可以自己閱讀，或者，也適合由家長陪讀，提供輔助說明。

### 001 詩經　最早的歌
Book of Odes:The Earliest Collection of Songs
原著／無名氏　原典改寫／唐香燕　故事／比方　繪圖／AU

聽！誰在唱著歌？「關關雎鳩，在河之洲，窈窕淑女，君子好逑。」這是兩千多年前的人民，他們辛苦工作、努力生活，把喜怒哀樂都唱進歌裡頭，也唱成了《詩經》。這是遙遠從前的人們，為自己唱的歌。

### 002 屈原　不媚俗的楚大夫
Ch'ü Yüan:The Noble Liegeman
原著／屈原　原典改寫／詹凱婷　故事／張瑜珊　繪圖／灰色獸

如果說真話會被討厭、還會被降職，誰還願意說出內心話？屈原卻仍然說著：「是的，我願意。」屈原的認真固執，讓他被流放到遠方。他只能把自己的真心話寫成《楚辭》，表達心中的苦悶和難過。

### 003 古詩十九首　亂世的悲歡離合
Nineteen Ancient Poems:Poetry in Wartime
原著／無名氏　原典改寫／康逸藍　故事／張瑜珊　繪圖／吳孟芸

蕭統喜歡文學，喜歡蒐集優美的作品。這些作品是「古詩十九首」，不知道作者是誰，也無法確定究竟來自何時。當蕭統遇見「古詩十九首」，他看見離別的人，看見思念的人，還看見等待的人。

### 004 樂府詩集　說故事的民歌手
Yuefu Poetry:Tales that Sing
編者／郭茂倩　原典改寫／劉湘湄　故事／比方　繪圖／菌先生

《樂府詩集》是古老的民歌，唱著花木蘭代父從軍的勇敢，唱出了採蓮遊玩的好時光。如果不是郭茂倩四處蒐集，將五千多首詩整理成一百卷，我們今天怎麼有機會感受到這些民歌背後每一則動人的故事？

### 005 陶淵明　田園詩人
T'ao Yüan-ming:The Pastoral Poet
原著／陶淵明　原典改寫／唐香燕　故事／鄧芳喬　繪圖／黃雅玲

陶淵明不喜歡當官，不想為五斗米折腰。他最喜歡的生活就是早上出門耕作，空閒的時候看書寫詩，跟朋友喝點酒，開心就大睡一場。閱讀陶淵明的詩，我們也能一同享受關於他的，最美好的生活。

### 006 李白　長安有個醉詩仙
Li Po:The Drunken Poet
原著／李白　原典改寫／唐香燕　故事／比方　繪圖／謝祖華

要怎麼稱呼李白？是詩仙，還是酒仙？是浪漫的劍客，還是頑皮的大孩子？寫詩是他最出眾的才華，酒與月亮是他的最愛。李白總說著「人生得意須盡歡」，還說「欲上青天攬明月」，那就是他的任性、浪漫與自由。

### 007 杜甫　憂國的詩聖
Tu Fu:The Poet Sage
原著／杜甫　原典改寫／周姚萍　故事／鄧芳喬　繪圖／王若齊

為什麼稱詩人杜甫這麼不開心？因為當時的唐朝漸漸破敗，又是戰爭，又是饑荒，杜甫看著百姓失去親人，流離失所。他像是來自唐朝的記者，為我們報導了太平時代之後的動亂，我們看見了小老百姓的真實生活。

### 008 柳宗元　曠野寄情的旅行者
Liu Tsung-yüan:The Travelling Poet
原著／柳宗元　原典改寫／岑澎維　故事／張瑜珊　繪圖／陳尚仁

柳宗元年輕的時候就擁有好多夢想，等待實現。幾年之後，他卻被貶到遙遠的南方。他很失落，卻沒有失去對生活的希望。他走進永州的山水，聽樹林間的鳥叫聲，看湖面上的落雪，記錄南方的風景和生活。

◎ 【經典少年遊】，我們先出版一百種中國經典，共分八個主題系列：
詩詞曲、思想與哲學、小說與故事、人物傳記、歷史、探險與地理、生活與素養、科技。
每一個主題系列，都按時間順序來選擇代表性的經典書種。

◎ 每一個主題系列，我們都邀請相關的專家學者擔任編輯顧問，提供從選題到內容的建議與指導。
我們希望：孩子讀完一個系列，可以掌握這個主題的完整體系。讀完八個不同主題的系列，
可以不但對中國文化有多面向的認識，更可以體會跨界閱讀的樂趣，享受知識跨界激盪的樂趣。

◎ 如果説，歷史累積下來的經典形成了壯麗的山河，那麼【經典少年遊】就是希望我們每個人
都趁著年少，探索四面八方，拓展眼界，體會山河之美，建構自己的知識體系。
少年需要遊經典。
經典需要少年遊。

### 009 李商隱　情聖詩人
Li Shang-yin:Poet of Love

原著／李商隱　原典改寫／唐香燕　故事／張瓊文　繪圖／馬樂原

「春蠶到死絲方盡，蠟炬成灰淚始乾。」這是李商隱最出名的情詩。他
在山上遇見一個美麗宮女，不僅為她寫詩，還用最溫柔的文字說出他的
想念。雖然無法在一起，可是他的詩已經成為最美麗的信物。

### 010 李後主　思鄉的皇帝
Li Yü:Emperor in Exile

原著／李煜　原典改寫／劉思源　故事／比方　繪圖／查理宛豬

李後主是最有才華的皇帝，也是命運悲慘的皇帝。他的天真善良，讓他
當不成一個好君主，卻成為我們心中最溫柔善感的詞人，也總是讓我們
跟著他嘆息：「問君能有幾多愁，恰似一江春水向東流。」

### 011 蘇軾　曠達的文豪
Su Shih:The Incorrigible Optimist

原著／蘇軾　原典改寫／劉思源　故事／張瓊文　繪圖／桑德

誰能精通書畫，寫詩詞又寫散文？誰不怕挫折，幽默頑皮面對每一次困
境？他就是蘇軾。透過他的作品，我們看到的不僅是身為「唐宋八大家」
的出色文采，更令人驚嘆的是他處處皆驚喜與享受的生活態度。

### 012 李清照　中國第一女詞人
Li Ch'ing-chao:The Preeminent Poetess of China

原著／李清照　原典改寫／劉思源　故事／鄧芳喬　繪圖／蘇力卡

李清照與丈夫趙明誠雖然不太富有，卻用盡所有的錢搜集古字畫，帶回
家細細品味。只是戰爭發生，丈夫過世，李清照像落葉一樣飄零，所有
的難過，都只能化成文字，寫下一句「簾捲西風，人比黃花瘦」。

### 013 辛棄疾　豪放的英雄詞人
Hsin Ch'i-chi:The Passionate Patriot

原著／辛棄疾　原典改寫／岑澎維　故事／張瑜珊　繪圖／陳柏龍

辛棄疾，宋代的愛國詞人。收回被金人佔去的領土，是他的夢想。他把
這個夢想寫進詞裡，成為豪放派詞人的代表。看他的故事，我們可以感
受「氣吞萬里如虎」的氣勢，也能體會「卻道天涼好箇秋」的自得。

### 014 姜夔　愛詠梅的音樂家
Jiang K'uei:Plum Blossom Musician

原著／姜夔　原典改寫／嚴淑女　故事／張瓊文　繪圖／57

姜夔是南宋詞人，同時也是音樂家，不僅自己譜曲，還留下古代的樂譜，
將古老的旋律流傳到後世。他的文字優雅，正如同他敏感細膩的心思。
他的創作，讓我們理解了萬物的有情與奧妙。

### 015 馬致遠　歸隱的曲狀元
Ma Chih-yüan:The Carefree Playwright

原著／馬致遠　原典改寫／岑澎維　故事／張瓊文　繪圖／簡漢平

「枯藤老樹昏鴉，小橋流水平沙」，是元曲家馬致遠最出名的作品，他
被推崇為「曲狀元」。由於仕途不順，辭官回家。這樣曠達的思想，讓
馬致遠的作品展現豪氣，被推崇為元代散曲「豪放派」的代表。

經典。
少年遊

youth.classicsnow.net

005
陶淵明 田園詩人
T'ao Yüan-ming
The Pastoral Poet

編輯顧問（姓名筆劃序）

王安憶　王汎森　江曉原　李歐梵　郝譽翔　陳平原
張隆溪　張臨生　葉嘉瑩　葛兆光　葛劍雄　鄭培凱

原著：陶淵明
原典改寫：唐香燕
故事：鄧芳喬
封面繪圖：黃雅玲　莊安評
內頁繪圖：黃雅玲

主編：冼懿穎
編輯：張瑜珊　張瓊文　鄧芳喬
美術設計：張士勇　倪孟慧
校對：呂佳真

企畫：網路與書股份有限公司
出版者：大塊文化出版股份有限公司
台北市10550南京東路四段25號11樓
www.locuspublishing.com
讀者服務專線：0800-006689
TEL：+886-2-87123898
FAX：+886-2-87123897
郵撥帳號：18955675
戶名：大塊文化出版股份有限公司
法律顧問：全理法律事務所董安丹律師

總經銷：大和書報圖書股份有限公司
地址：新北市新莊區五工五路2號
TEL：+886-2-8990-2588
FAX：+886-2-2290-1658
製版：瑞豐實業股份有限公司

初版一刷：2012年8月
定價：新台幣299元